Impressum
Verlag: BABADADA GmbH, Nedderfeld 112 , 22529 Hamburg
Geschäftsführer / Verlagsleitung: Harald Hof
Druck: Books on Demand GmbH, In de Tarpen 42, 22848 Norderstedt

Imprint
Publisher: BABADADA GmbH, Nedderfeld 112 , 22529 Hamburg, Germany
Managing Director / Publishing direction: Harald Hof
Print: Books on Demand GmbH, In de Tarpen 42, 22848 Norderstedt

школа
kool

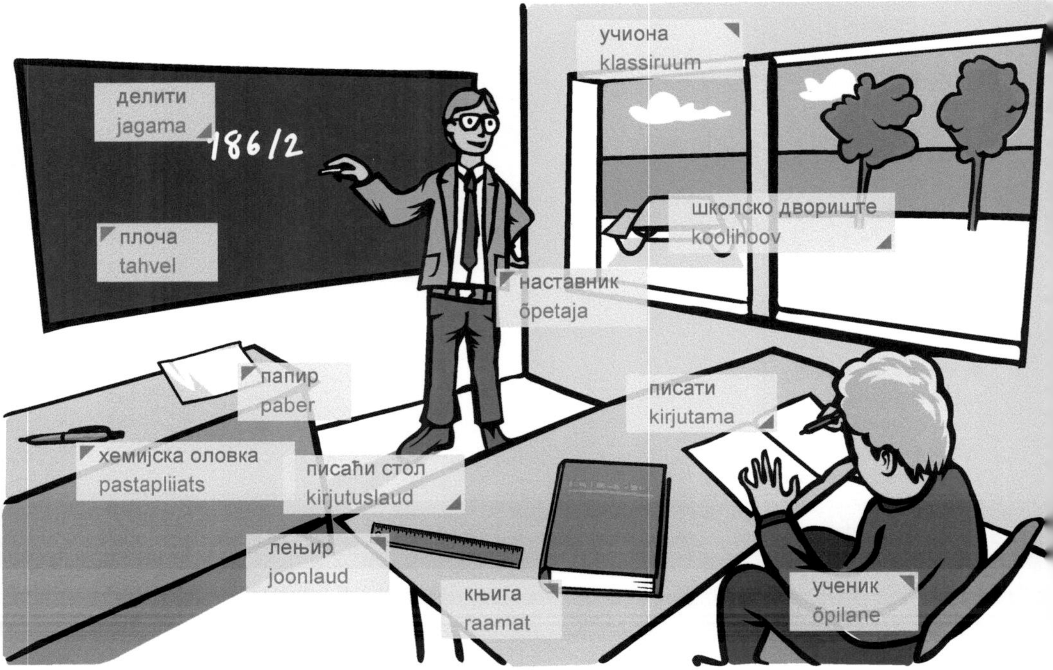

учиона
klassiruum
делити
jagama
186/2
школско двориште
koolihoov
плоча
tahvel
наставник
õpetaja
папир
paber
писати
kirjutama
хемијска оловка
pastapliiats
писаћи сто
kirjutuslaud
лењир
joonlaud
књига
raamat
ученик
õpilane

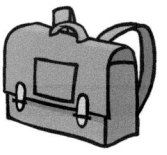

торба

koolikott

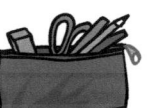

перница

pinal

графитна оловка

harilik pliiats

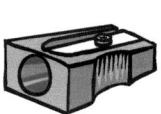

шиљило за оловке

pliiatsiteritaja

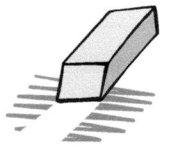

гумица за брисање

kustukumm

блок за цртање

joonistusplokk

цртеж

joonistus

кист

pintsel

кутија са бојама

värvikarp

маказе

käärid

лепило

liim

бележница

töövihik

домаћи задатак

kodutöö

број

number

сабирати

liitma

одузимати

lahutama

множити

korrutama

рачунати

arvutama

слово

täht

ABCDEFG
HIJKLMN
OPQRSTU
VWXYZ

абецеда

tähestik

реч

sõna

текст

tekst

читати

lugema

креда

kriit

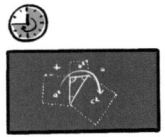

час

koolitund

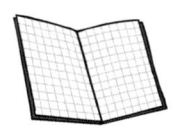

дневник

klassipäevik

испит

eksam

сведочанство

tunnistus

школска униформа

koolivorm

образовање

haridus

лексикон

entsüklopeedia

универзитет

ülikool

микроскоп

mikroskoop

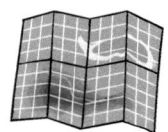

карта

kaart

кошара за папир

paberikorv

путовање

reisimine

хотел
hotell
Grand
преноћиште
hostel
ROOMS
EXCHANGE
мењачница
valuutavahetuspunkt
кофер
kohver
ауто
auto

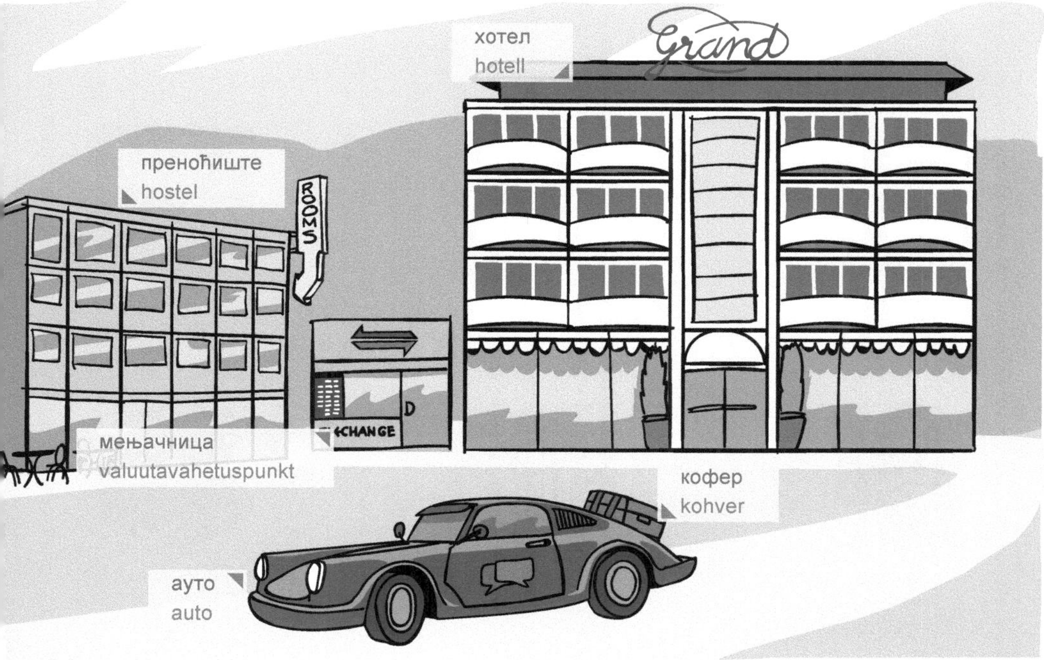

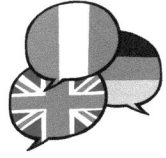

језик

keel

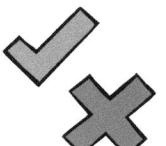

да / не

jah / ei

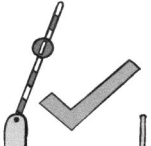

океј

okei

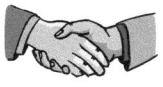

здраво

Tere!

преводилац

tõlk

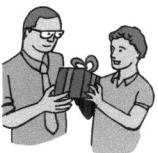

хвала

Aitäh!

Колико кошта...?

Kui palju maksab ...?

не разумем

Ma ei saa aru

проблем

probleem

добро вече!

Tere õhtust!

Добро јутро!

Tere hommikust!

Лаку ноћ!

Head ööd!

довиђења

Head aega!

смер

suund

пртљага

pagas

торба

kott

руксак

seljakott

гост

külaline

соба

tuba

врећа за спавање

magamiskott

шатор

telk

туристичке информације

turismiinfo

плажа

rand

кредитна картица

krediitkaart

доручак

hommikusöök

ручак

lõunasöök

вечера

õhtusöök

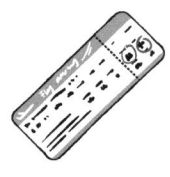

карта за вожњу

pilet

лифт

lift

поштанска маркица

postmark

граница

riigipiir

царина

toll

амбасада

saatkond

виза

viisa

пасош

pass

транспорт

transport

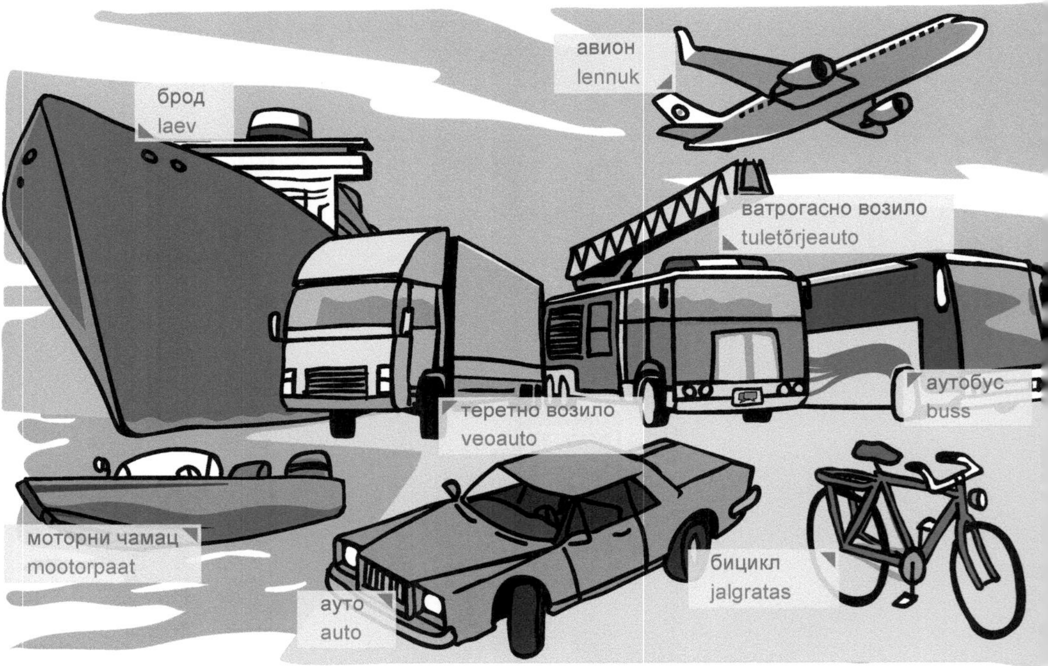

авион
lennuk
брод
laev
ватрогасно возило
tuletõrjeauto
теретно возило
veoauto
аутобус
buss
моторни чамац
mootorpaat
ауто
auto
бицикл
jalgratas

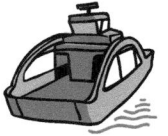

трајект

praam

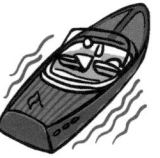

чамац

paat

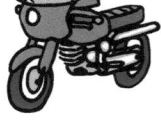

мотоцикл

mootorratas

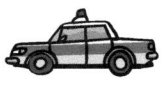

полицијски ауто

politseiauto

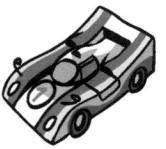

тркаћи ауто

võidusõiduauto

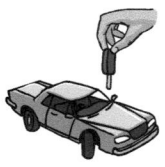

изнајмљено ауто

rendiauto

деление аутомобила

ühisauto

вучно возило

puksiirauto

возило за одвоз смећа

prügiauto

мотор

mootor

бензин

kütus

бензинска станица

tankla

саобраћајни знак

liiklusmärk

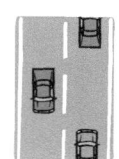

саобраћај

liiklus

застој

liiklusummik

паркиралиште

parkla

железничка станица

raudteejaam

шине

rööpad

воз

rong

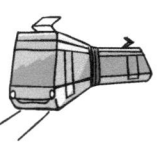

трамвај

tramm

вагон

vagun

хеликоптер

helikopter

аеродром

lennujaam

кула

torn

путник

reisija

контејнер

konteiner

картон

pappkast

колица

käru

корпа

korv

узлетети / слетети

õhku tõusma / maanduma

град

linn

село

küla

центар града

kesklinn

кућа

maja

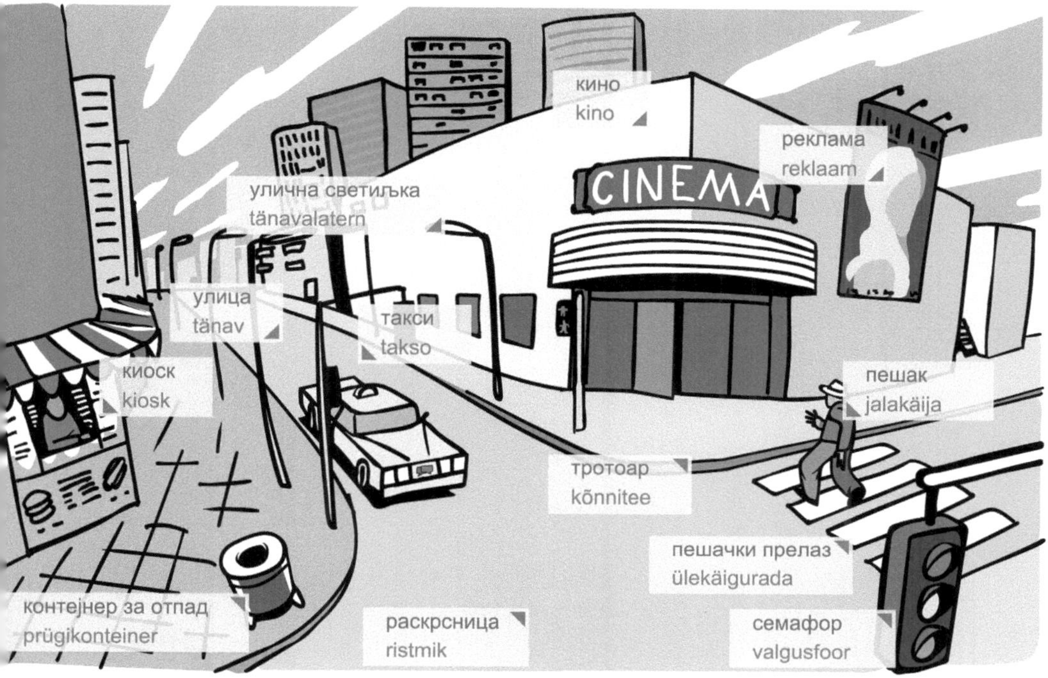

кино
kino

реклама
reklaam

улична светиљка
tänavalatern

улица
tänav

такси
takso

пешак
jalakäija

киоск
kiosk

CINEMA

тротоар
kõnnitee

пешачки прелаз
ülekäigurada

контејнер за отпад
prügikonteiner

раскрсница
ristmik

семафор
valgusfoor

колиба

osmik

стан

kortermaja

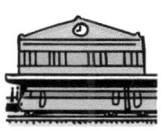

железничка станица

raudteejaam

већница

raekoda

музеј

muuseum

школа

kool

универзитет

ülikool

банка

pank

болница

haigla

хотел

hotell

апотека

apteek

канцеларија

kontor

књижара

raamatupood

продавница

kauplus

цвећара

lillepood

супермаркет

supermarket

трг

turg

робна кућа

kaubamaja

рибарница

kalapood

трговачки центар

kaubanduskeskus

лука

sadam

парк

park

клупа

pink

мост

sild

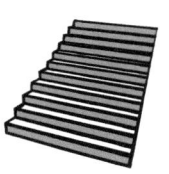

степенице

trepp

подземна железница

metroo

тунел

tunnel

аутобуска станица

bussipeatus

бар

baar

ресторан

restoran

поштанско сандуче

postkast

улични знак

tänavasilt

паркирни аутомат

parkimisautomaat

зоолошки врт

loomaaed

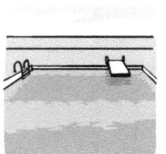

базен

ujula

џамија

mošee

сеоско газдинство

talu

загађење околине

reostus

гробље

surnuaed

црква

kirik

игралиште

mänguväljak

храм

tempel

пејсаж
maastik

лист
leht

путоказ
teeviit

пут
tee

ливада
aas

камен
kivi

дрво
puu

шетач
matkaja

река
jõgi

трава
rohi

цвет
lill

долина

org

планина

mägi

језеро

järv

шума

mets

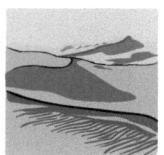

пустиња

kõrb

вулкан

vulkaan

дворац

linnus

дуга

vikerkaar

гљива

seen

палма

palm

москито

sääsk

мува

kärbes

мрав

sipelgas

пчела

mesilane

паук

ämblik

буба

mardikas

жаба

konn

веверица

orav

јеж

siil

зец

jänes

сова

öökull

птица

lind

лабуд

luik

дивља свиња

metssiga

јелен

hirv

лос

põder

насип

pais

ветрењача

tuuleturbiin

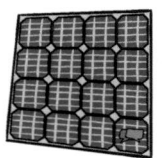

соларна плоча

päikesepaneel

клима

kliima

ресторан
restoran

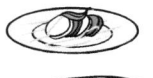

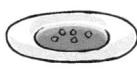

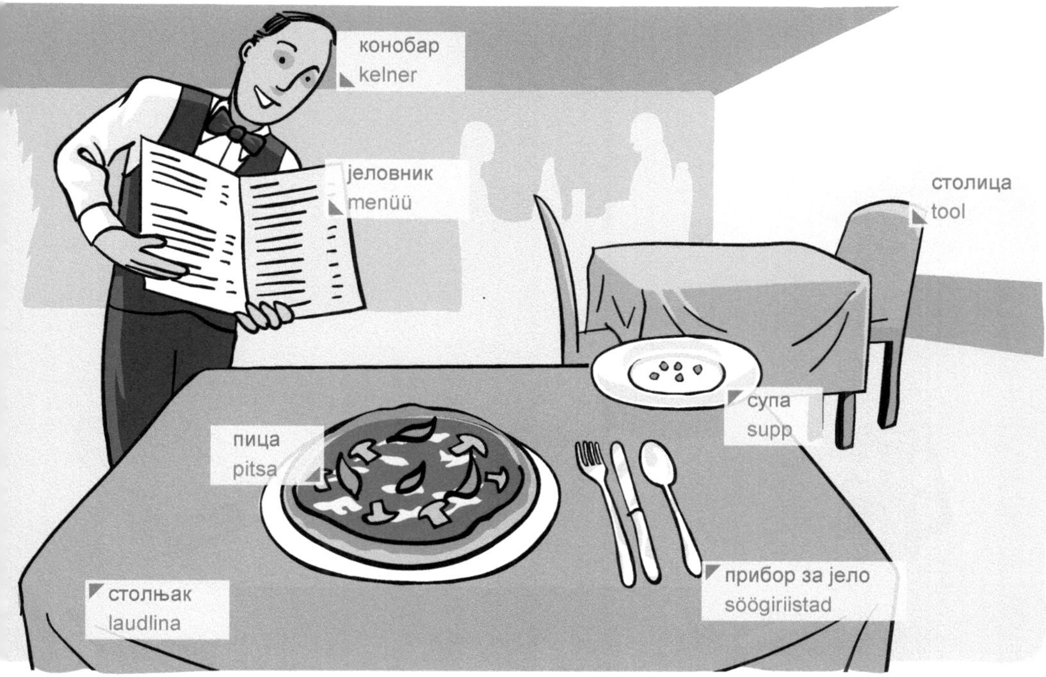
конобар
kelner
јеловник
menüü
столица
tool
супа
supp
пица
pitsa
столњак
laudlina
прибор за јело
söögiriistad

предјело

eelroog

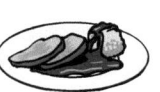

главно јело

pearoog

десерт

magustoit

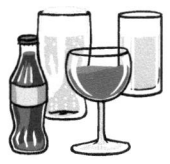

напитци

joogid

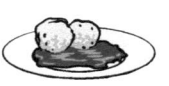

јело

toit

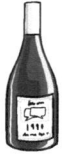

флаша

pudel

брза храна

kiirtoit

имбис храна

tänavatoit

чајник

teekann

доза за шећер

suhkrutoos

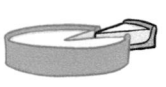

порција

portsjon

апарат за еспресо

espressomasin

висока столица

lastetool

рачун

arve

послужавник

kandik

нож

nuga

виљушка

kahvel

кашика

lusikas

чајна кашика

teelusikas

салвета

salvrätik

чаша

klaas

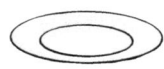

тањир

taldrik

тањир за супу

supitaldrik

тањирић

alustass

сос

kaste

сољенка

soolatoos

млин за бибер

pipraveski

сирће

äädikas

уље

õli

зачини

vürtsid

кечап

ketšup

сенф

sinep

мајонеза

majonees

супермаркет
supermarket

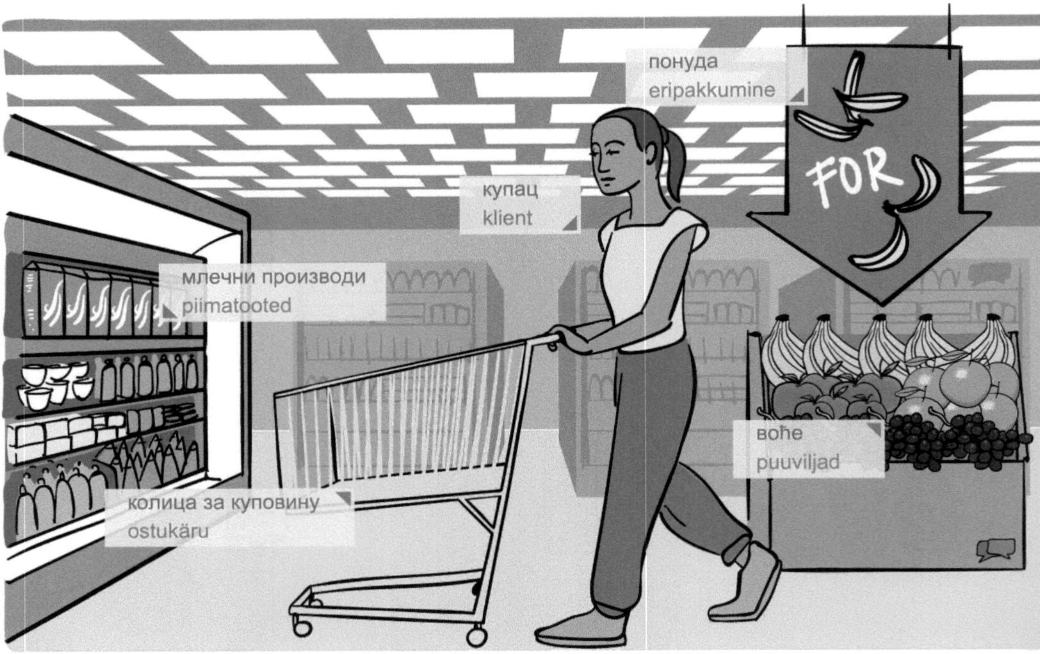
понуда
eripakkumine
FOR
купац
klient
млечни производи
piimatooted
воће
puuviljad
колица за куповину
ostukäru

BUTCHERS

месница

lihapood

BAKERY

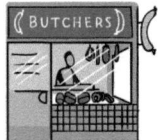

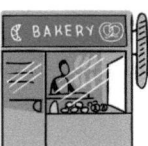

пекара

pagariäri

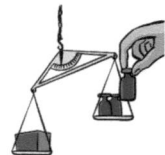

вагати

kaaluma

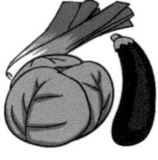

поврће

köögiviljad

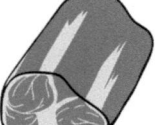

месо

liha

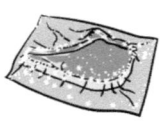

смрзнута храна

külmutatud toit

нарезак

lihalõigud

конзерве

konservid

средство за прање

pesupulber

слаткиши

maiustused

артикли за домаћинство

majatarbed

средства за чишћење

puhastustooted

продавачица

müüja

благајна

kassaaparaat

благајник

kassapidaja

листа за куповину

ostunimekiri

време рада

lahtiolekuajad

новчаник

rahakott

кредитна картица

krediitkaart

торба

kott

пластична кеса

kilekott

вода

vesi

сок

mahl

млеко

piim

кола

koola

вино

vein

пиво

õlu

алкохол

alkohol

какао

kakao

чај

tee

кава

kohv

еспресо

espresso

капућино

cappuccino

банана

banaan

јабука

õun

наранџа

apelsin

лубеница

arbuus

лимун

sidrun

шаргарепа

porgand

бели лук

küüslauk

бамбус

bambus

лук

sibul

гљива

seen

орашасти плодови

pähklid

резанци

nuudlid

шпагете

spagetid

рижа

riis

салата

salat

помфрит

friikartulid

печени крумпир

praekartulid

пица

pitsa

хамбургер

hamburger

сендвич

võileib

шницла

šnitsel

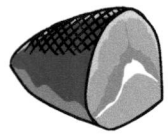

шунка

sink

салама

salaami

кобасица

vorst

кокош

kana

печење

praeliha

риба

kala

зобене пахуљице

kaerahelbed

мусли

müsli

кукурузне пахуљице

maisihelbed

брашно

jahu

кроасан

sarvesai

пециво

kukkel

хлеб

leib

тоаст

röstsai

кекси

küpsised

маслац

või

свежи сир

kohupiim

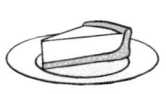

колач

kook

jaje

muna

jaje на око

praemuna

сир

juust

сладолед

jäätis

шећер

suhkur

мед

mesi

мармелада

moos

нугат крема

pähklivõie

кари

karri

сеоско газдинство
talu

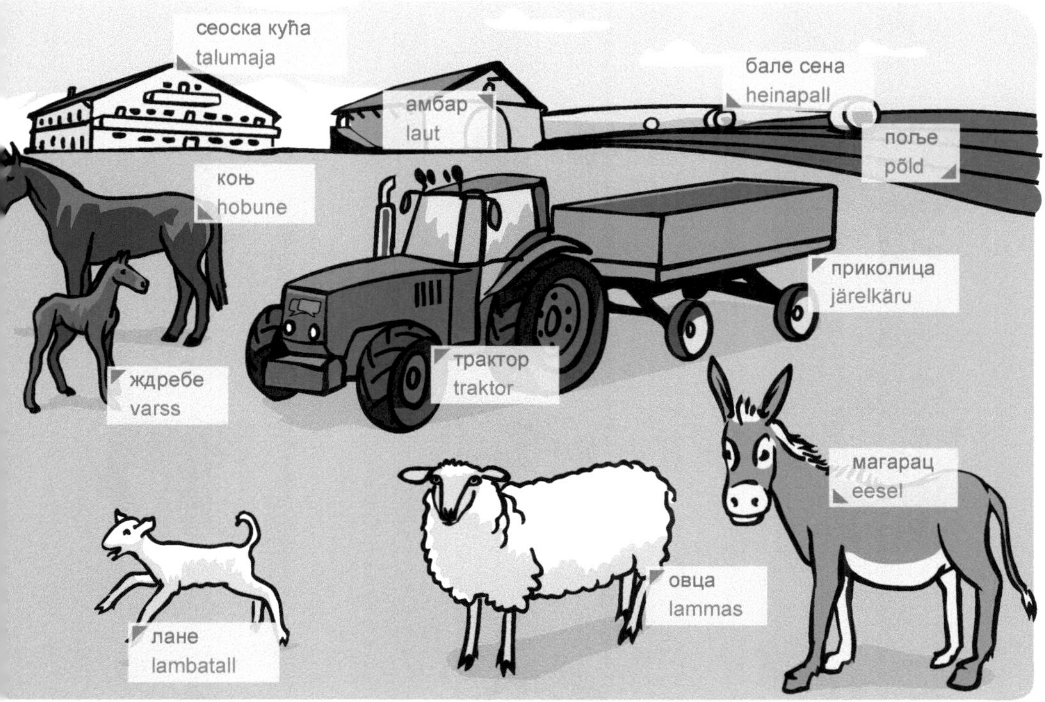
сеоска кућа
talumaja
амбар
laut
бале сена
heinapall
поље
põld
коњ
hobune
приколица
järelkäru
трактор
traktor
ждребе
varss
магарац
eesel
овца
lammas
лане
lambatall

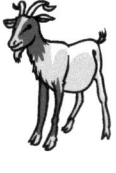

коза

kits

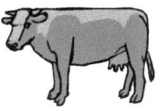

крава

lehm

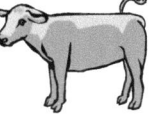

теле

vasikas

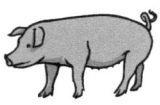

свиња

siga

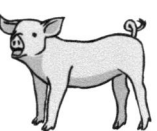

прасе

põrsas

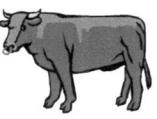

бик

pull

гуска

hani

патка

part

пилићи

tibu

кокош

kana

петао

kukk

пацов

rott

мачка

kass

миш

hiir

вол

härg

пас

koer

кућица за пса

koerakuut

вртно црево

aiavoolik

канта за поливање

kastekann

коса

vikat

плуг

ader

срп
sirp

мотика
kõblas

виљушка за ђубриво
hang

секира
kirves

тачке
käru

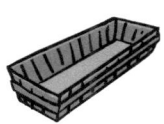

корито
küna

посуда за млеко
piimanõu

врећа
kott

ограда
tara

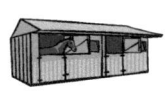

штала
tall

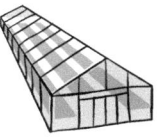

стакленик
kasvuhoone

земља
muld

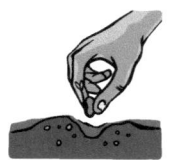

семе
seeme

ђубриво
väetis

комбајн
kombain

жети

saaki koristama

жетва

saagikoristus

јамс зачин

jamss

пшеница

nisu

соја

soja

крумпир

kartul

кукуруз

mais

уљана репица

raps

воћка

viljapuu

гомољ маниоке

maniokk

житарице

teravili

кућа

maja

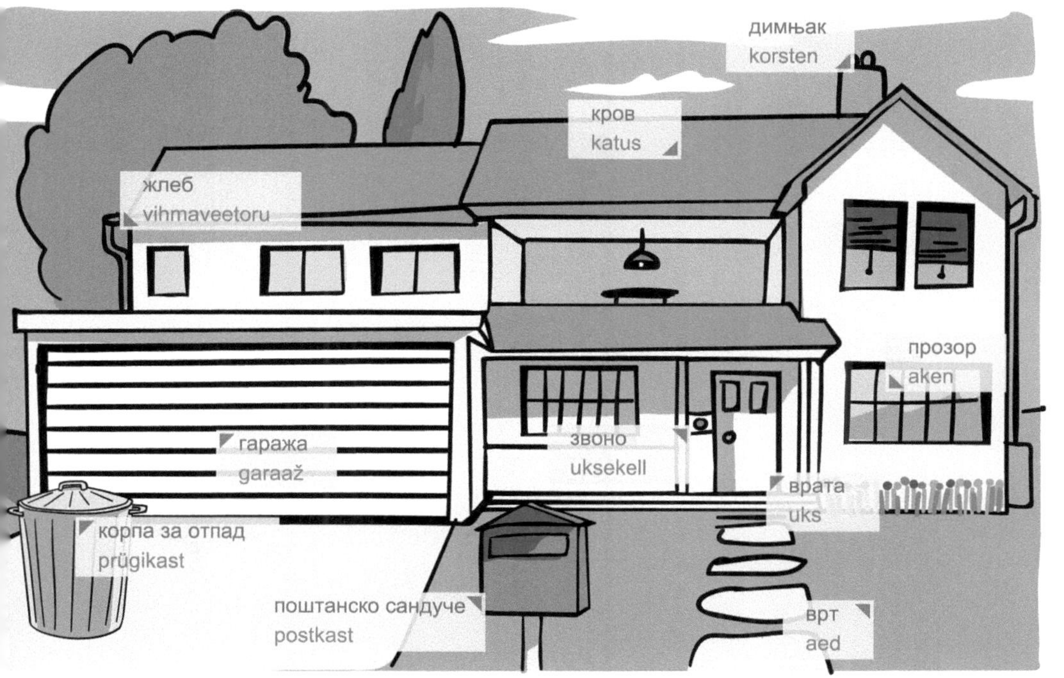

димњак
korsten
кров
katus
жлеб
vihmaveetoru
прозор
aken
гаража
garaaž
звоно
uksekell
врата
uks
корпа за отпад
prügikast
поштанско сандуче
postkast
врт
aed

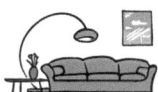

дневна соба

elutuba

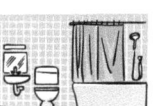

купаоница

vannituba

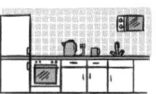

кухиња

köök

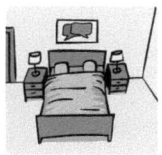

спаваћа соба

magamistuba

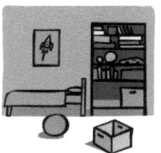

дечија соба

lastetuba

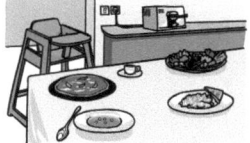

трпезарија

söögituba

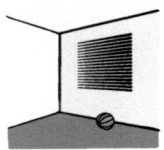

под
....
põrand

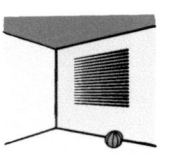

зид
....
sein

строп
....
lagi

подрум
....
kelder

сауна
....
saun

балкон
....
rõdu

тераса
....
terrass

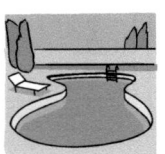

базен
....
bassein

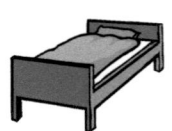

косилица за траву
....
muruniiduk

постељина за кревет
....
voodilina

дека за кревет
....
päevatekk

кревет
....
voodi

метла
....
luud

канта
....
ämber

прекидач
....
lüliti

дневна соба

elutuba

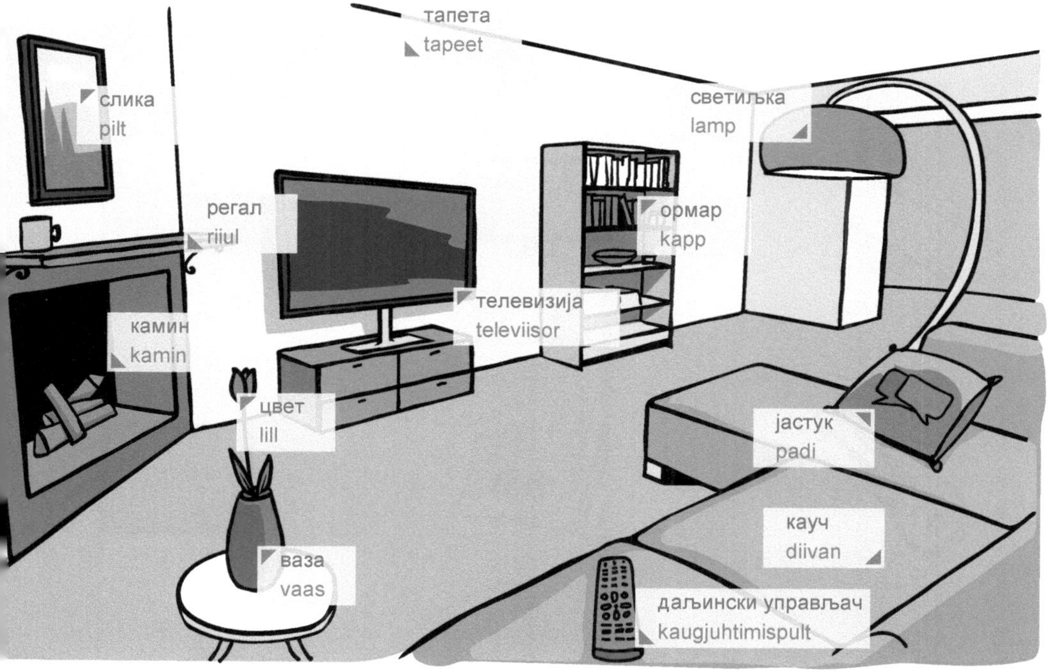

тапета
tapeet
слика
pilt
светиљка
lamp
регал
riiul
ормар
kapp
телевизија
televiisor
камин
kamin
цвет
lill
јастук
padi
кауч
diivan
ваза
vaas
даљински управљач
kaugjuhtimispult

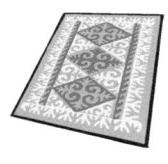

тепих

vaip

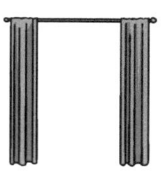

завеса

kardin

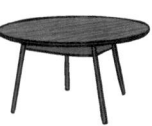

сто

laud

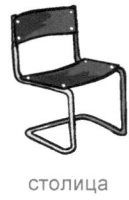

столица

tool

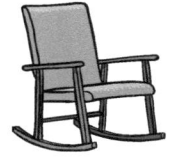

столица за њихање

kiiktool

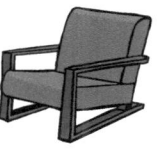

фотеља

tugitool

књига

raamat

дека

tekk

декорација

kaunistus

дрво за огрев

küttepuud

филм

film

хи-фи уређај

helisüsteem

кључ

võti

новине

ajaleht

слика на платну

maal

постер

plakat

радио

raadio

блок за писање

märkmik

усисивач

tolmuimeja

кактус

kaktus

свећа

küünal

кухиња
köök

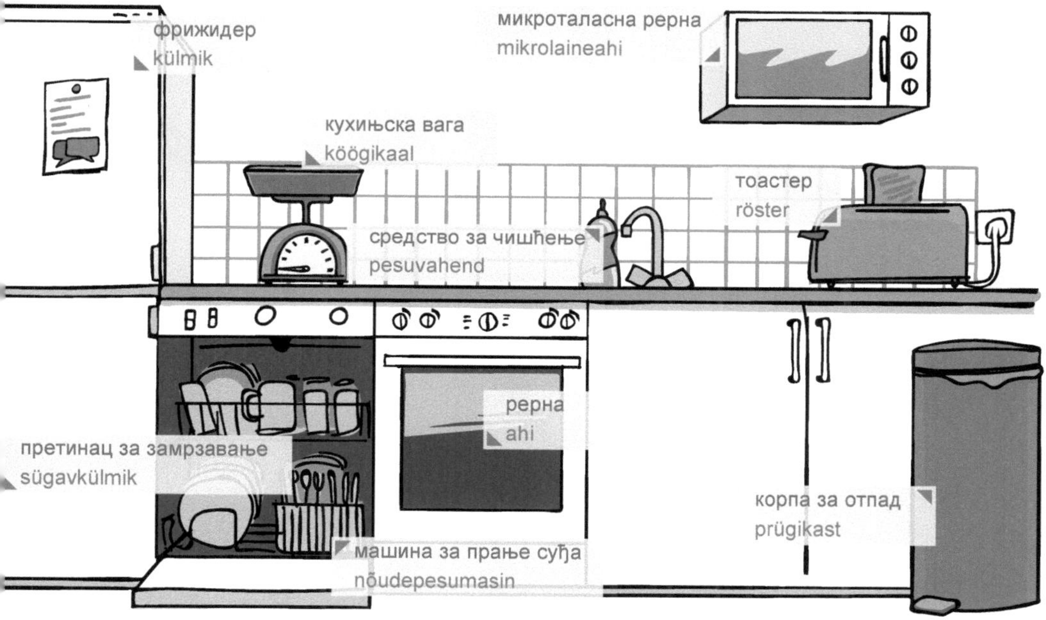

фрижидер
külmik
микроталасна рерна
mikrolaineahi
кухињска вага
köögikaal
тоастер
röster
средство за чишћење
pesuvahend
рерна
ahi
претинац за замрзавање
sügavkülmik
корпа за отпад
prügikast
машина за прање суђа
nõudepesumasin

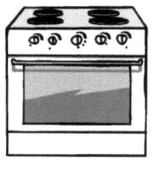

шпорет

pliit

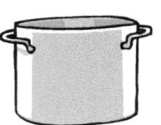

лонац

pott

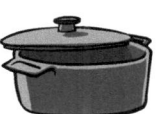

гвоздени лонац

malmpott

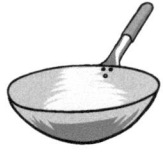

вок / кадаи

vokkpann

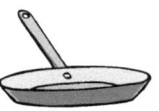

тава

pann

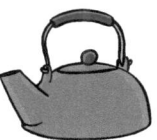

кувало за воду

veekeetja

кувало на пару

aurutaja

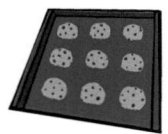

лим за печење

küpsetusplaat

посуђе

lauanõud

чаша

kruus

посуда

kauss

штапићи за јело

söögipulgad

кутлача

kulp

лопатица

pannilabidas

пењача

vispel

сито за кување

kurn

сито

sõel

рибеж

riiv

мужар

uhmer

роштиљ

grill

огњиште

lahtine tuli

даска

lõikelaud

оклагија

tainarull

вадичеп

korgitser

конзерва

konservipurk

отварач конзерви

konserviavaja

крпа за лонац

pajakinnas

судопер

kraanikauss

четка

hari

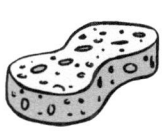

сунђер

pesukäsn

миксер

kannmikser

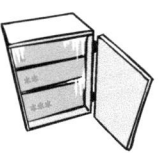

замрзивач

sügavkülmuti

флашица за бебе

lutipudel

славина за воду

segisti

купаоница

vannituba

туш
dušš
грејање
küte
пешкир
käterätik
завеса за туш
dušikardin
пенушава купка
mullivann
када
vann
чаша
klaas
машина за прање веша
pesumasin
славина за воду
segisti
плочице
plaadid
тута
pissipott
судопер
kraanikauss

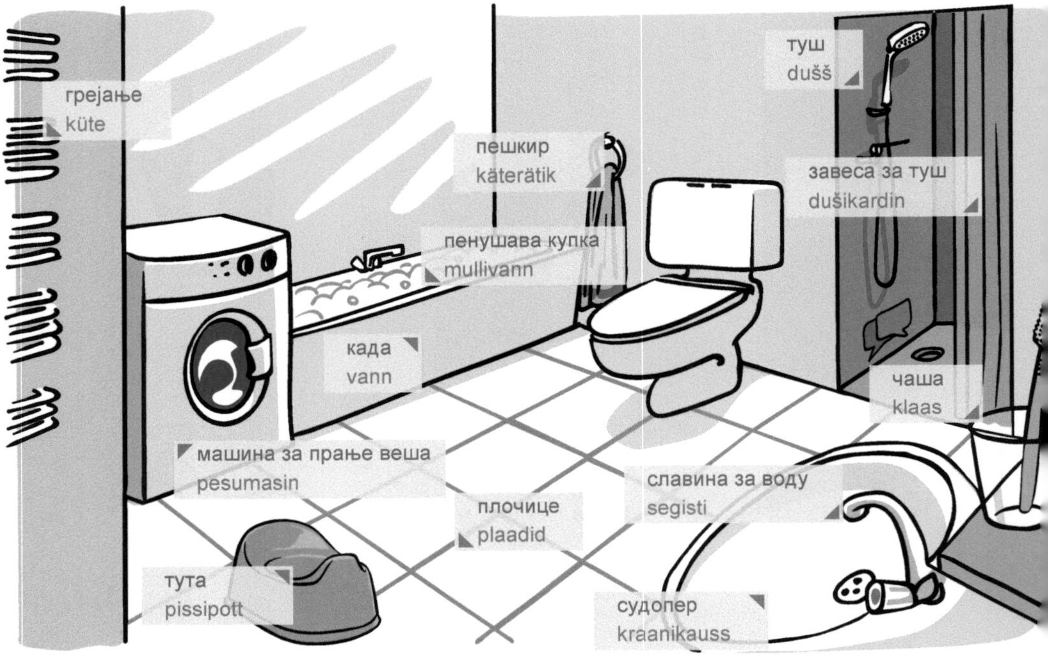

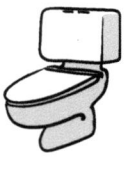

тоалет

WC-pott

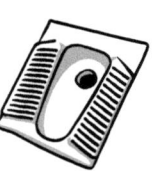

чучавац

kükitamistualett

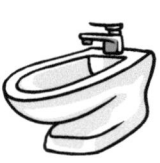

бидет

bidee

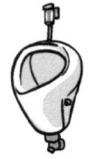

писоар

pissuaar

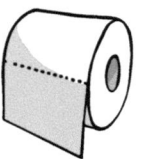

тоалетни папир

tualettpaber

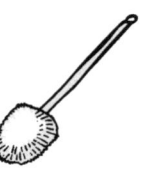

четка за тоалет

WC-hari

четкица за зубе

hambahari

паста за зубе

hambapasta

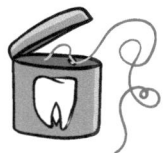

конац за зубе

hambaniit

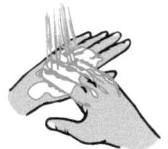

прати

pesema

туш ручица

käsidušš

туш за прање интимних делова

intiimdušš

лавор

pesukauss

четка за прање леђа

seljahari

сапун

seep

гел за туширање

dušigeel

шампон

šampoon

крпа за прање

vamm

одвод

äravool

крема

kreem

дезодоранс

deodorant

огледало

peegel

козметичко огледало

käsipeegel

бријач

habemenuga

пена за бријање

raseerimisvaht

лосион за после бријања

habemevesi

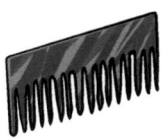

чешаљ

kamm

четка

hari

фен за косу

föön

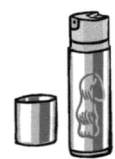

спреј за косу

juukselakk

шминка

meigikomplekt

руж за усне

huulepulk

лак за нокте

küünelakk

вата

vatt

маказе за нокте

küünekäärid

парфем

parfüüm

козметичка торбица

tualett-tarvete kott

столица

taburet

вага

kaal

огртач

hommikumantel

рукавице за чишћење

kummikindad

тампон

tampoon

уложак

hügieeniside

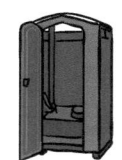

хемијски тоалет

keemiline tualett

дечија соба

lastetuba

будилник
äratuskell
плишана играчка
pehme mänguasi
ауто играчка
mänguauto
звечка
kõristi
кућица за лутке
nukumaja
поклон
kingitus

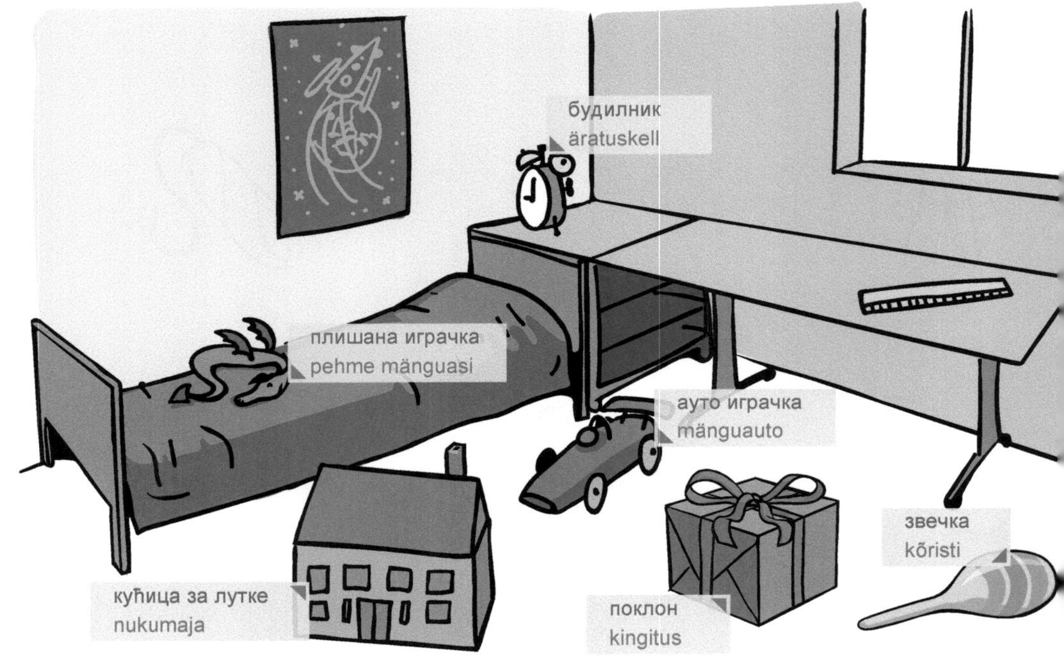

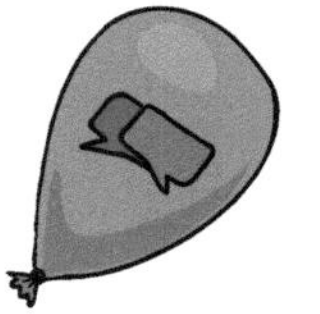

балон

õhupall

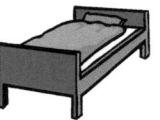

кревет

voodi

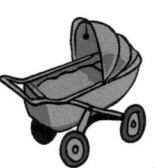

дјечија колица

lapsevanker

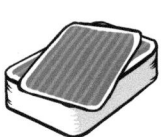

игра са картама

kaardipakk

слагалица

pusle

SUPER MEGA

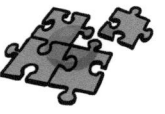

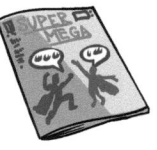

стрип

koomiks

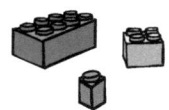

лего коцкице

Lego klotsid

коцкице за слагање

klotsid

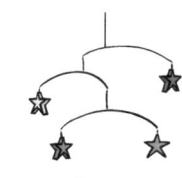

акциони јунак

kujuke

бенкица за бебе

siputuspüksid

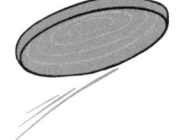

фризби

lendav taldrik

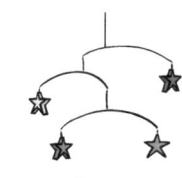

висеће играчке

voodikarussell

друштвене игре

lauamäng

коцка

täringud

минијатурна жељезница

mudelrong

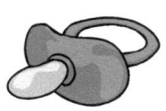

дуда

lutt

забава

pidu

сликовница

pildiraamat

лопта

pall

лутка

nukk

играти

mängima

пешчаник

liivakast

љуљачка

kiik

играчка

mänguasjad

конзола за игре

mängukonsool

трицикл

kolmerattaline jalgratas

теди

mängukaru

ормар

riidekapp

одећа

riietus

кратке чарапе

sokid

чарапе

sukad

хулахопке

sukkpüksid

шал
sall

кишобран
vihmavari

каиш
vöö

мајица
T-särk

чизме
saapad

папуче
sussid

патике
tossud

сандале
sandaalid

ципеле
jalatsid

гумене чизме
kummikud

гаћице
aluspüksid

грудњак
rinnahoidja

поткошуља
vest

боди
bodi

панталоне
püksid

фармерке
teksapüksid

сукња
seelik

блуза
pluus

кошуља
särk

џемпер
sviiter

џемпер с капуљачом
dressipluus

сако
bleiser

јакна
jakk

мантил
mantel

кабаница
vihmamantel

костим
kostüüm

хаљина
kleit

венчаница
pulmakleit

одело

ülikond

спаваћица

öösärk

пиџама

pidžaama

сари

sari

марама за главу

pearätt

турбан

turban

бурка

burka

кафтан

kaftan

абаја

abayah

купаћи костим

ujumistrikoo

купаће гаћице

ujumispüksid

кратке панталоне

lühikesed püksid

одећа за тренинг

dressid

кецеља

põll

рукавице

kindad

дугме

nööp

наочаре

prillid

наруквица

käevõru

огрлица

kaelakee

прстен

sõrmus

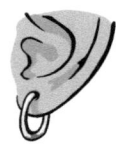

наушница

kõrvarõngas

капа

nokamüts

вешалица

riidepuu

шешир

kaabu

кравата

lips

патент затварач

tõmblukk

кацига

kiiver

нараменице

traksid

школска униформа

koolivorm

униформа

vormirõivad

подбрадак
pudipõll

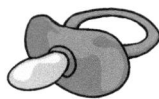

дуда
lutt

пелена
mähe

канцеларија
kontor

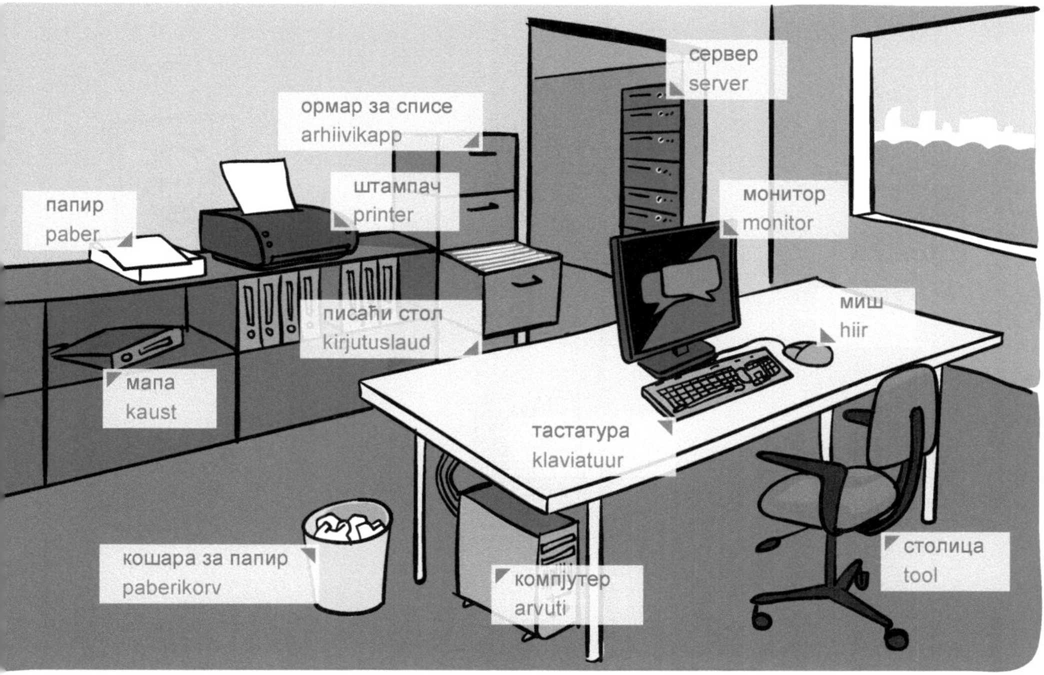

сервер
server

ормар за списе
arhiivikapp

штампач
printer

папир
paber

монитор
monitor

миш
hiir

писаћи стол
kirjutuslaud

мапа
kaust

тастатура
klaviatuur

кошара за папир
paberikorv

столица
tool

компјутер
arvuti

шалица за каву
kohvikruus

калкулатор
kalkulaator

интернет
internet

лаптоп

sülearvuti

писмо

kiri

порука

sõnum

мобилни телефон

mobiiltelefon

мрежа

võrk

уређај за копирање

koopiamasin

софтвер

tarkvara

телефон

telefon

утичница

pistikupesa

факс

faksimasin

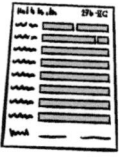

формулар

vorm

документ

dokument

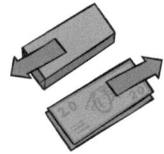

куповати

ostma

платити

maksma

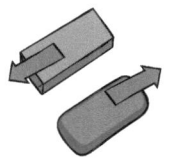

трговати

vahetama

новац

raha

долар

dollar

евро

euro

јен

jeen

рубља

rubla

швајцарски франак

Šveitsi frank

ренминдби јуан

renminbi jüaan

рупија

ruupia

аутомат за новац

sularahaautomaat

мењачница

valuutavahetuspunkt

злато

kuld

сребро

hõbe

нафта

nafta

енергија

energia

цена

hind

уговор

leping

порез

maks

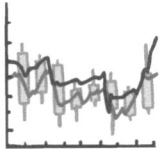

деонице

aktsia

радити

töötama

службеник

töötaja

послодавац

tööandja

фабрика

tehas

продавница

kauplus

занимања
ametid

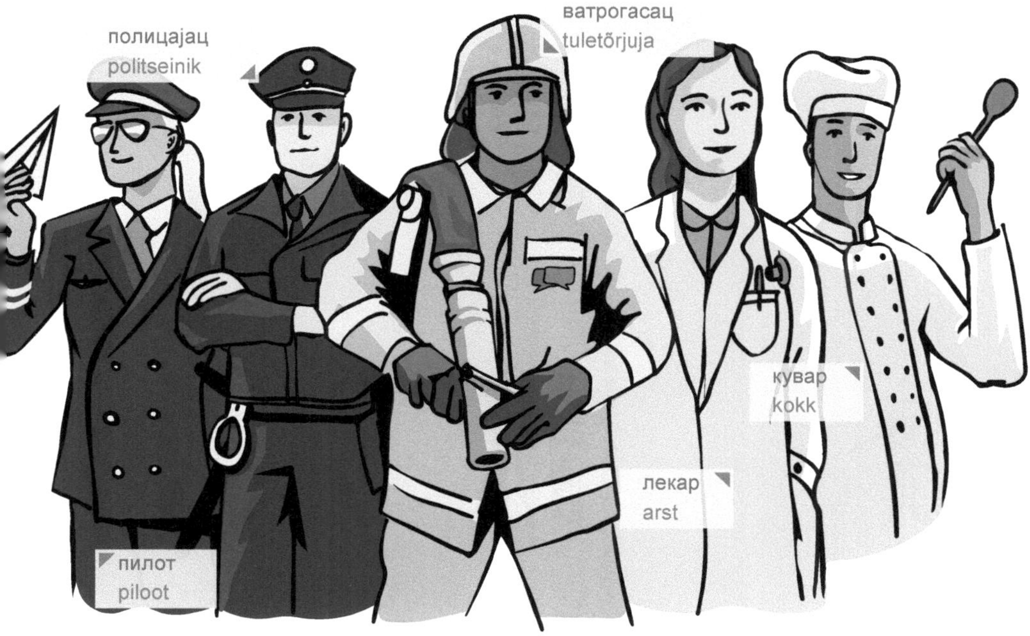

полицајац
politseinik
ватрогасац
tuletõrjuja
кувар
kokk
лекар
arst
пилот
piloot

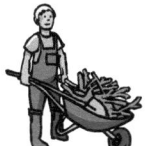

вртлар
aednik

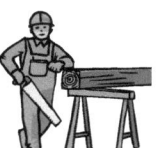

столар
puusepp

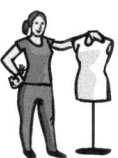

кројачица
õmbleja

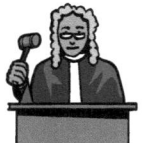

судија
kohtunik

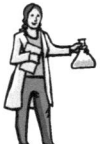

хемичар
keemik

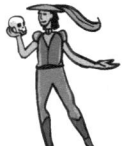

глумац
näitleja

возач аутобуса

bussijuht

возач таксија

taksojuht

рибар

kalamees

чистачица

koristaja

кровопокривач

katusepaigaldaja

конобар

kelner

ловац

jahimees

сликар

maaler

пекар

pagar

електричар

elektrik

грађевински радник

ehitaja

инжењер

insener

месар

lihunik

лимар

torumees

поштар

postiljon

војник

sõdur

архитекта

arhitekt

благајник

kassapidaja

цвећар

lillemüüja

фризер

juuksur

кондуктер

piletikontrolör

механичар

mehaanik

капетан

kapten

зубар

hambaarst

научник

teadlane

раби

rabi

имам

imaam

монах

munk

свећеник

preester

алати

tööriistad

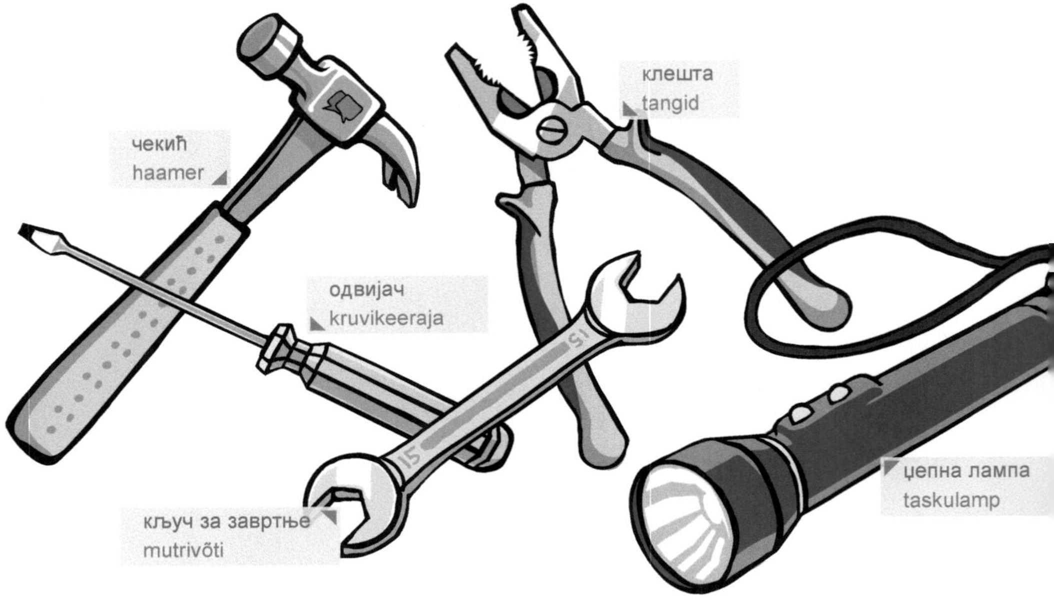
чекић
haamer
клешта
tangid
одвијач
kruvikeeraja
кључ за завртње
mutrivõti
џепна лампа
taskulamp

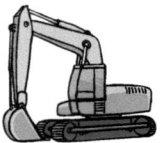

багер

ekskavaator

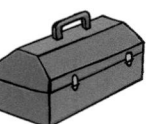

кутија за алат

tööriistakast

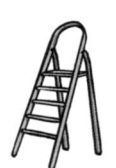

мердевине

redel

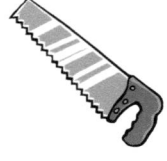

пила

saag

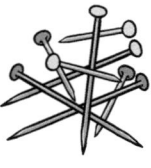

ексер

naelad

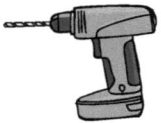

бушилица

trell

поправити
parandama

лопата
labidas

до ђавола!
Põrgusse!

лопатица
kühvel

лонац за боју
värvipott

завртањи
kruvid

музички инструмент
pillid

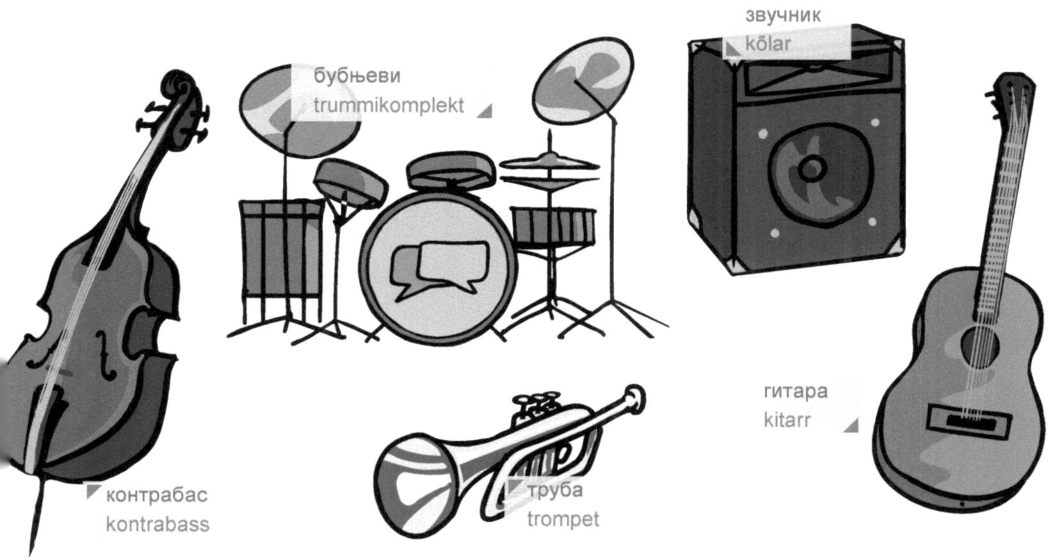

звучник
kõlar

бубњеви
trummikomplekt

контрабас
kontrabass

труба
trompet

гитара
kitarr

клавир

klaver

виолина

viiul

бас

bass

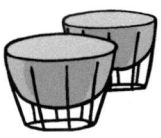

тимпани

timpan

удараљке за бубњеве

trummid

типке клавира

süntesaator

саксофон

saksofon

флаута

flööt

микрофон

mikrofon

зоолошки врт

loomaaed

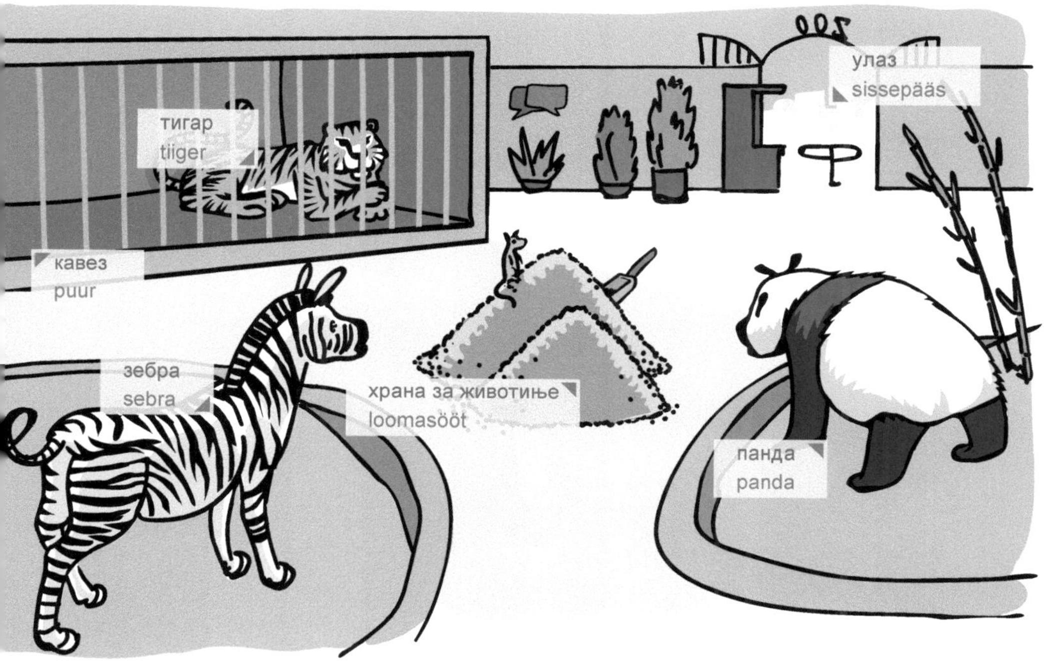
улаз
sissepääs
тигар
tiiger
кавез
puur
зебра
sebra
храна за животиње
loomasööt
панда
panda

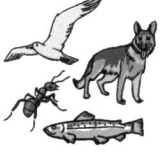

животиње

loomad

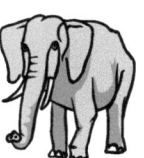

слон

elevant

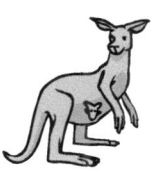

кенгур

känguru

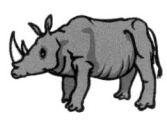

носорог

ninasarvik

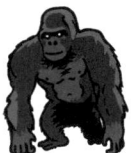

горила

gorilla

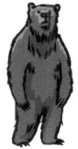

медвед

karu

камила

kaamel

нoj

jaanalind

лав

lõvi

мajмун

ahv

фламинго

flamingo

папаgaj

papagoi

поларни медвед

jääkaru

пингвин

pingviin

ajкула

hai

паун

paabulind

змиja

madu

крокодил

krokodill

чувар у зоолошком врту

loomaaiatalitaja

туљан

hüljes

jaгyap

jaaguar

пони

poni

леопард

leopard

нилски коњ

jõehobu

жирафа

kaelkirjak

орао

kotkas

дивља свиња

metssiga

риба

kala

корњача

kilpkonn

морж

morsk

лисица

rebane

газела

gasell

амерички ногомет
Ameerika jalgpall

бициклизам
jalgrattasõit

тенис
tennis

кошарка
korvpall

пливање
ujumine

бокс
poksimine

хокеј на леду
jäähoki

фудбал
jalgpall

бадминтон
sulgpall

атлетика
kergejõustik

ракомет
käsipall

скијање
suusatamine

поло
polo

активности
tegevused

смејати се
naerma
скочити
hüppama
загрлити
kallistama
ићи
jalutama
певати
laulma
сањати
unistama
молити се
palvetama
пољубити
suudlema

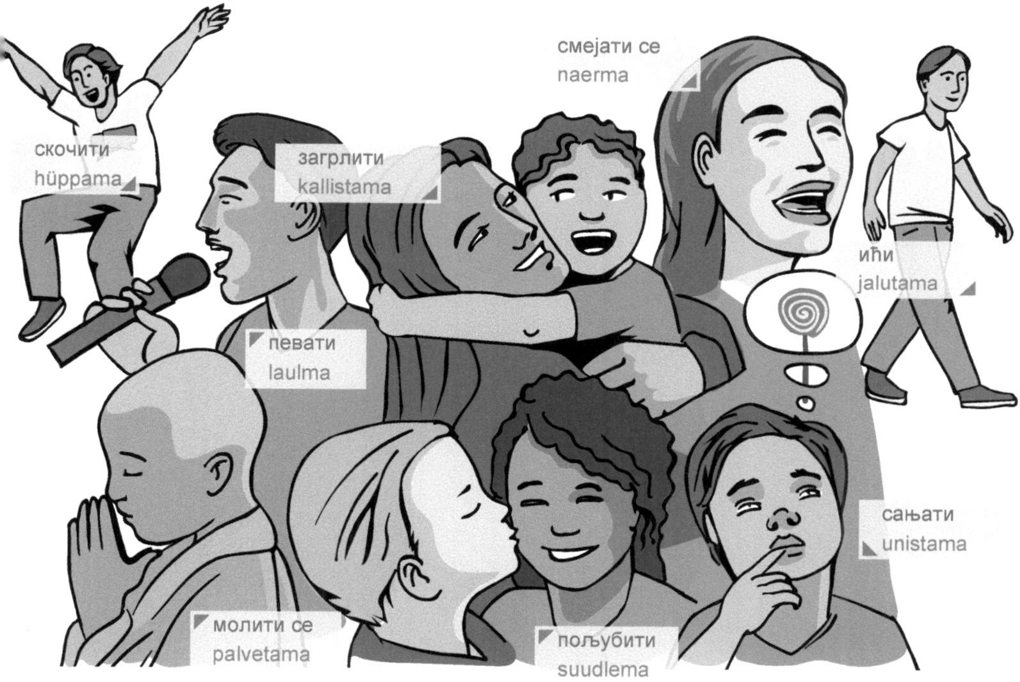

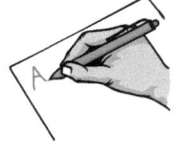

писати

kirjutama

цртати

joonistama

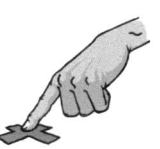

показати

näitama

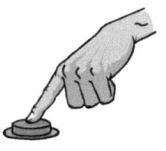

гурати

lükkama

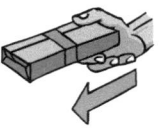

дати

andma

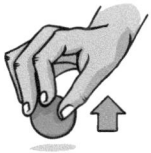

узети

võtma

имати
....
omama

чинити
....
tegema

бити
....
olema

стојати
....
seisma

трчати
....
jooksma

повлачити
....
tõmbama

бацити
....
viskama

падати
....
kukkuma

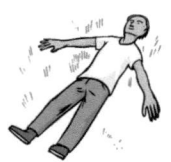

лежати
....
lamama

чекати
....
ootama

носити
....
kandma

седити
....
istuma

облачити
....
riidesse panema

спавати
....
magama

пробудити се
....
ärkama

гледати

vaatama

плакати

nutma

миловати

paitama

чешљати

kammima

говорити

rääkima

разумети

aru saama

питати

küsima

слушати

kuulama

пити

jooma

јести

sööma

поспремити

korrastama

волети

armastama

кухати

süüa tegema

возити

sõitma

летети

lendama

пловити
purjetama

рачунати
arvutama

читати
lugema

учити
õppima

радити
töötama

венчати се
abielluma

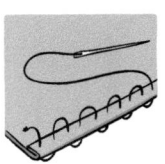

шити
õmblema

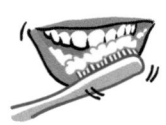

прати зубе
hambaid pesema

убити
tapma

пушити
suitsetama

послати
saatma

активности - tegevused

породица

perekond

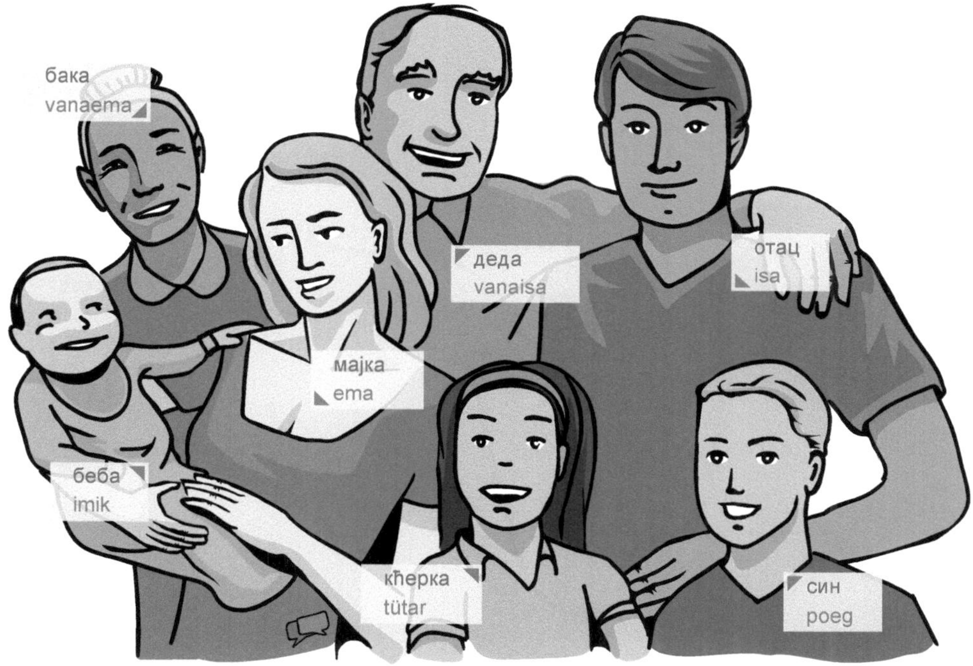

бака
vanaema
деда
vanaisa
отац
isa
мајка
ema
беба
imik
кћерка
tütar
син
poeg

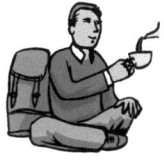

гост

külaline

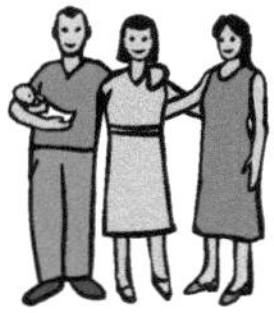

тетка

tädi

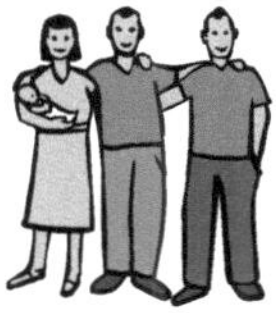

ујак, стриц

onu

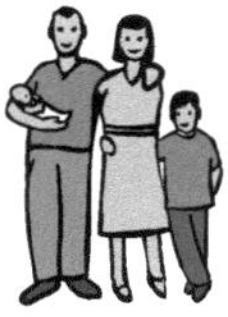

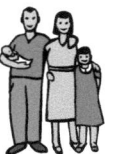

брат

vend

сестра

õde

тело
keha

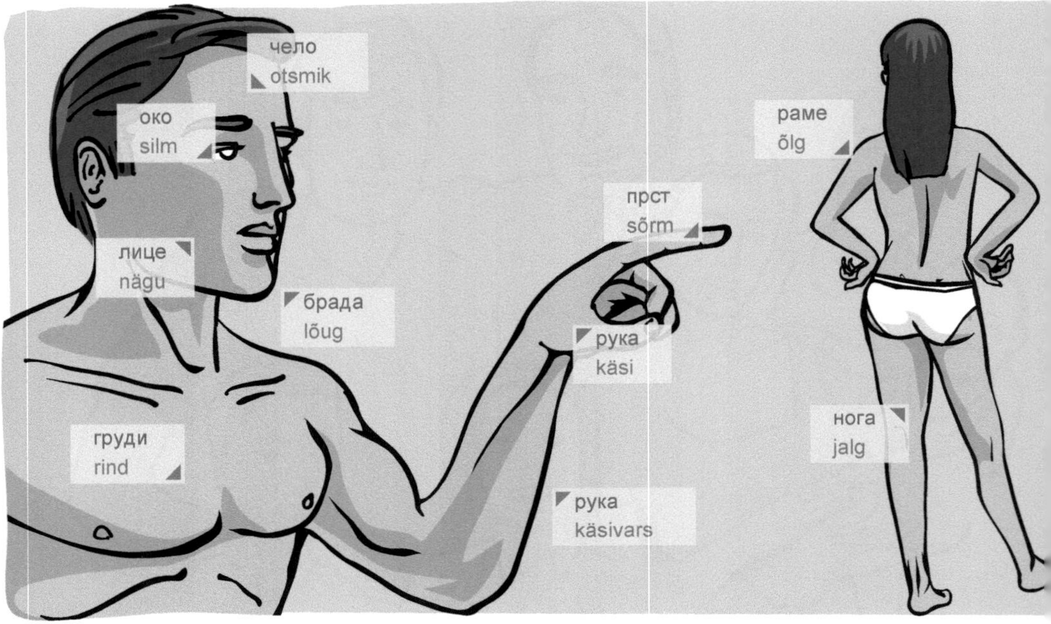

чело
otsmik

око
silm

лице
nägu

брада
lõug

груди
rind

прст
sõrm

рука
käsi

рука
käsivars

раме
õlg

нога
jalg

беба
imik

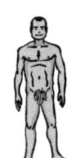

мушкарац
mees

жена
naine

девојчица
tüdruk

дечак
poiss

глава
pea

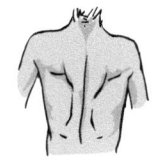

леђа

selg

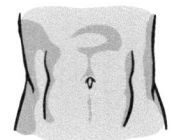

стомак

köht

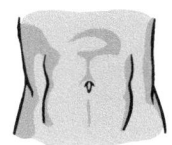

пупак

naba

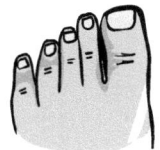

ножни прст

varvas

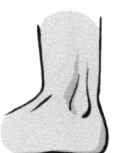

пета

kand

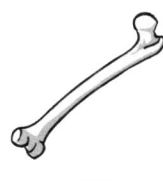

кост

luu

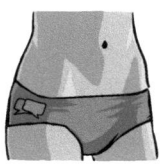

кукови

puus

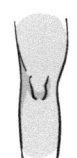

колено

põlv

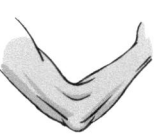

лакат

küünarnukk

нос

nina

задњица

tagumik

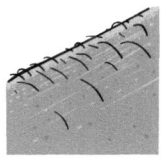

кожа

nahk

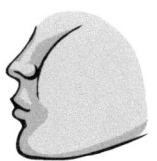

образ

põsk

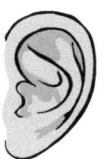

уво

kõrv

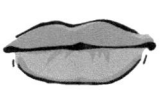

усна

huuled

тело - keha

уста

suu

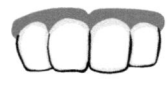

зуб

hammas

језик

keel

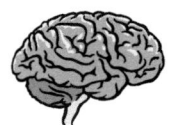

мозак

aju

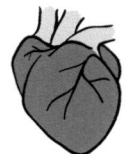

срце

süda

мишић

lihas

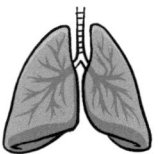

плућа

kops

јетра

maks

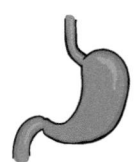

желудац

magu

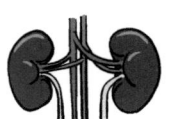

бубрези

neerud

полни однос

seksuaalvahekord

кондом

kondoom

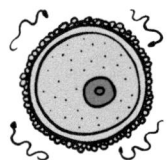

јајна ћелија

munarakk

сперма

sperma

трудноћа

rasedus

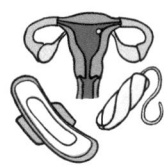

менструација

menstruatsioon

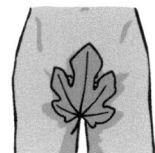

вагина

vagiina

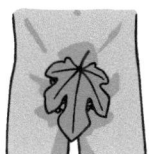

пенис

peenis

обрва

kulm

коса

juuksed

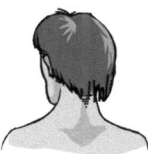

врат

kael

болница
haigla

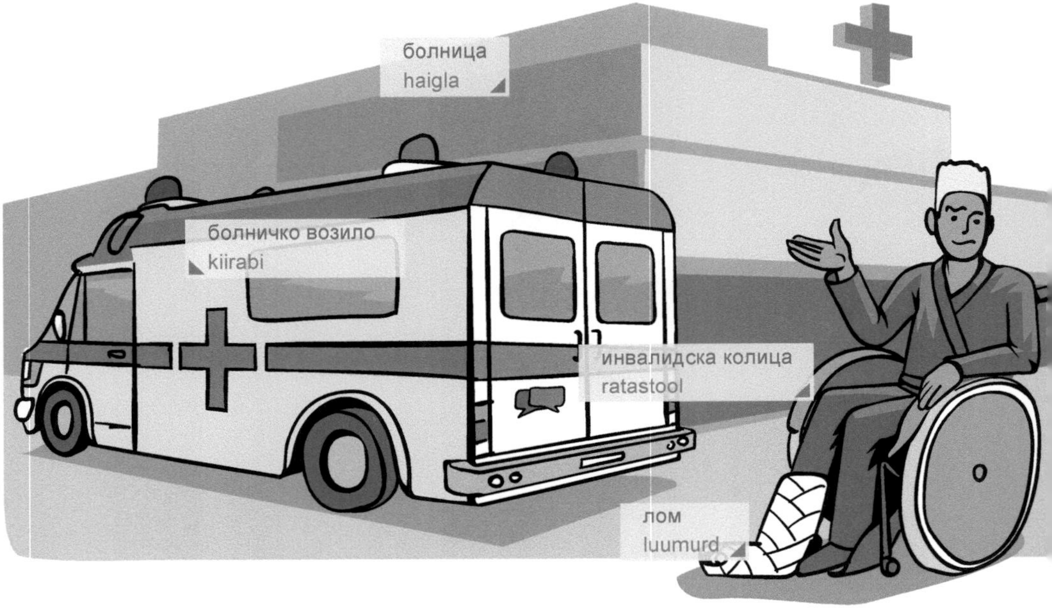

болница
haigla
болничко возило
kiirabi
инвалидска колица
ratastool
лом
luumurd

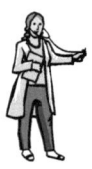

лекар

arst

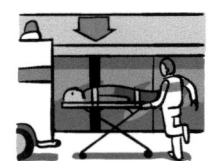

хитна медицинска служба

traumapunkt

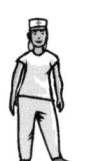

медицинска сестра

meditsiiniõde

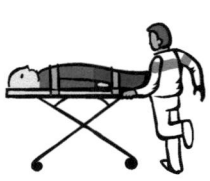

хитни случај

hädaolukord

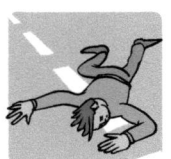

несвест

teadvuseta

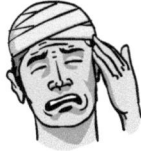

бол

valu

повреда

vigastus

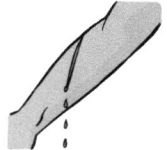

крварење

verejooks

срчани удар

südamerabandus

удар

insult

алергија

allergia

кашаљ

köha

грозница

palavik

грипа

gripp

пролив

kõhulahtisus

главобоља

peavalu

рак

vähk

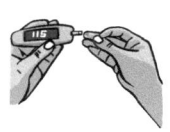

дијабетес

diabeet

хирург

kirurg

скалпел

skalpell

операција

operatsioon

цт
KT

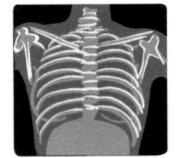

рентген
röntgen

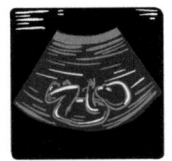

ултразвук
ultraheli

маска
mask

болест
haigus

чекаона
ooteruum

штака
kark

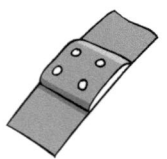

фластер
kips

завој
side

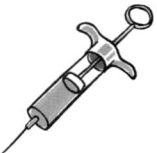

ињекција
süst

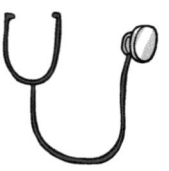

стетоскоп
stetoskoop

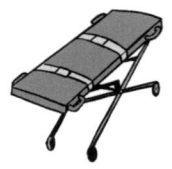

носила
kanderaam

термометар
kraadiklaas

рођење
sünd

прекомерна тежина
ülekaaluline

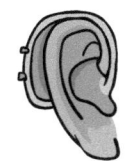

слушни апарат

kuuldeaparaat

средство за дезинфекцију

desinfektsioonivahend

инфекција

põletik

вирус

viirus

хив / аидс

HIV / AIDS

медицина

meditsiin

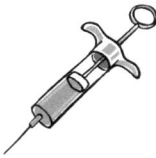

вакцинација

vaktsineerimine

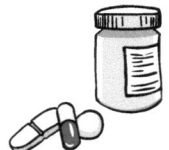

таблете

tabletid

пилула

pill

хитни позив

hädaabikõne

уређај за мерење притиска

vererõhuaparaat

болесно / здраво

haige / terve

болница - haigla

помоħ!

Appi!

аларм

häire

насртај

kallaletung

напад

rünnak

опасност

oht

излаз у случају нужде

avariiväljapääs

пожар!

Tulekahju!

противпожарни апарат

tulekustuti

незгода

õnnetus

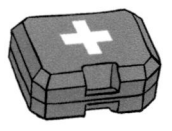

кутија прве помоħи

esmaabikomplekt

сос

SOS

полиција

politsei

Европа

Euroopa

Северна Америка

Põhja-Ameerika

Јужна Америка

Lõuna-Ameerika

Африка

Aafrika

Азија

Aasia

Аустралија

Austraalia

Атлантик

Atlandi ookean

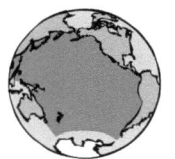

Пацифик

Vaikne ookean

Индијски океан

India ookean

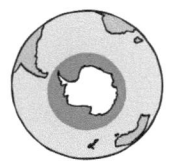

Антарктички океан

Lõuna-Jäämeri

Арктички океан

Põhja-Jäämeri

Северни рол

põhjapoolus

Јужни рол

lõunapoolus

Антарктик

Antarktika

земља

Maa

земља

maismaa

море

meri

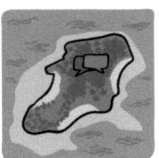

оток

saar

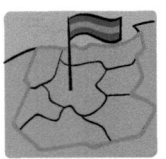

нација

rahvus

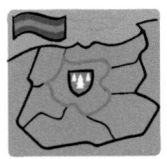

држава

riik

бројчаник сата

sihverplaat

сатна казаљка

tunniosuti

минутна казаљка

minutiosuti

секундна казаљка

sekundiosuti

Колико је сати?

Mis kell on?

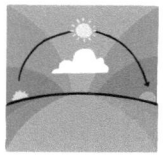

дан

päev

време

aeg

сада

praegu

дигитални сат

digitaalne kell

минута

minut

час

tund

седмица
nädal

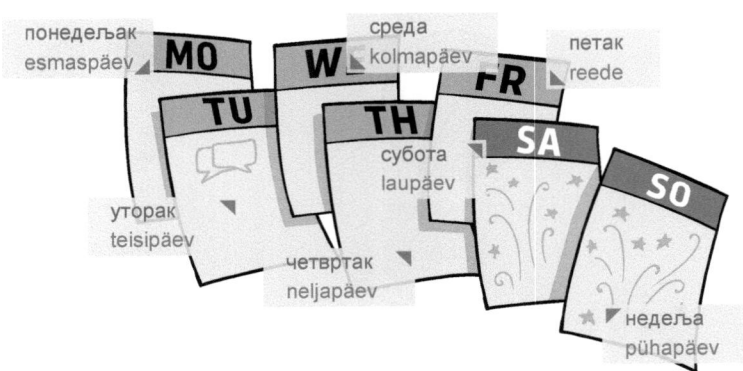

понедељак esmaspäev	среда kolmapäev	петак reede
уторак teisipäev	субота laupäev	
четвртак neljapäev	недеља pühapäev	

jуче

eile

данас

täna

сутра

homme

jутро

hommik

подне

lõuna

вече

õhtu

радни дани

tööpäevad

викенд

nädalavahetus

киша
vihm

дуга
vikerkaar

снег
lumi

ветар
tuul

пролеће
kevad

јесен
sügis

лето
suvi

зима
talv

4.APRIL	11°	☀
5.APRIL	4°	⛅
6.APRIL	13°	⛈
7.APRIL	8°	❄
8.APRIL	10°	☀

метеоролошка прогноза

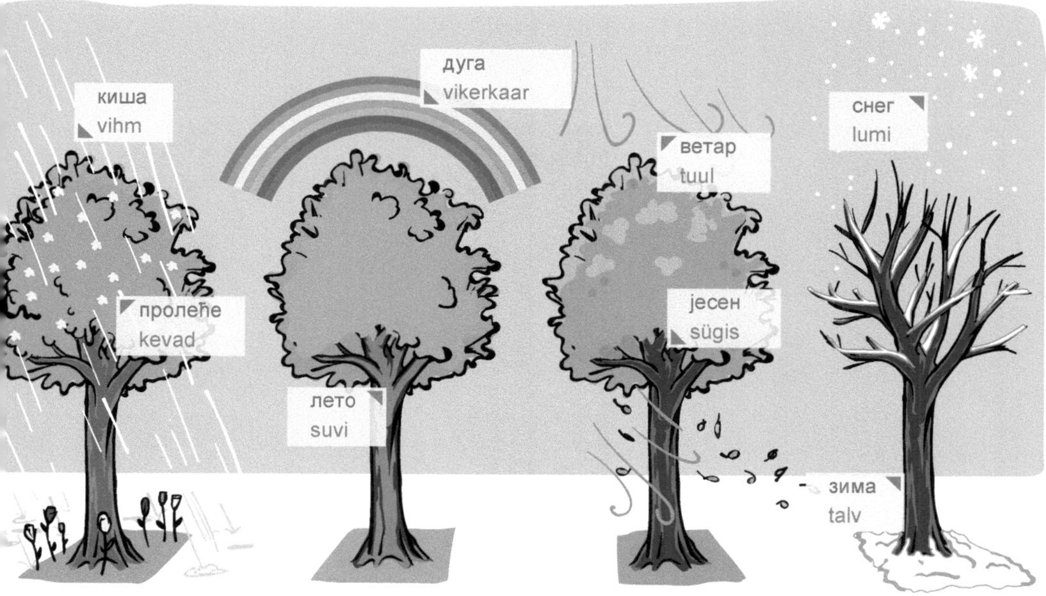

ilmaennustus

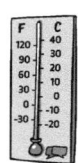

термометар

termomeeter

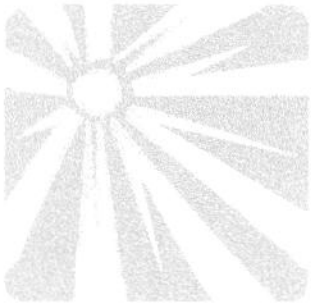

сунчана светлост

päikesepaiste

облак

pilv

магла

udu

влажност ваздуха

niiskus

муња

pikne

грмљавина

kõu

олуја

torm

туча

rahe

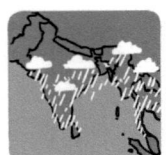

монсун

mussoon

поплава

üleujutus

лед

jää

јануар

jaanuar

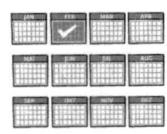

фебруар

veebruar

март

märts

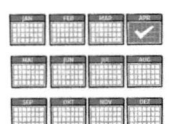

април

aprill

мај

mai

јуни

juuni

јули

juuli

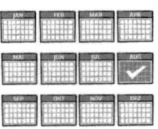

август

august

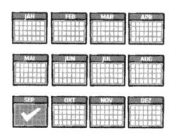

септембар
....
september

октобар
....
oktoober

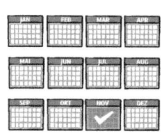

новембар
....
november

децембар
....
detsember

круг
....
ring

квадрат
....
ruut

правоугао
....
nelinurk

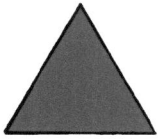

троугао
....
kolmnurk

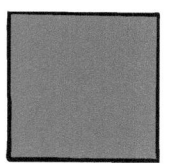

кугла
....
kera

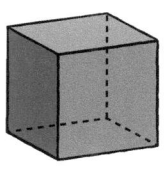

коцка
....
kuup

бела

valge

жута

kollane

наранџаста

oranž

ружичаста

roosa

црвена

punane

љубичаста

lilla

плава

sinine

зелена

roheline

смеђа

pruun

сива

hall

црна

must

много / мало

palju / vähe

љутито / мирно

vihane / rahulik

лепо / ружно

ilus / inetu

почетак / крај

algus / lõpp

велико / малено

suur / väike

светло / тамно

hele / tume

брат / сестра

vend / õde

чисто / прљаво

puhas / must

потпуно / непотпуно

täielik / puudulik

дан / ноћ

päev / öö

мртво / живо

surnud / elus

широко / уско

lai / kitsas

јестиво / нејестиво

söödav / mittesöödav

зло / добро

kuri / sõbralik

узбуђено / досадно

põnevil / tüdinud

дебело / мршаво

paks / peenike

на почетку / на крају

esimene / viimane

пријатељ / непријатељ

sõber / vaenlane

пуно / празно

täis / tühi

тврдо / мекано

kõva / pehme

тешко / лагано

raske / kerge

глад / жеђ

nälg / janu

болесно / здраво

haige / terve

илегално / легално

ebaseaduslik / seaduslik

паметно / глупо

tark / rumal

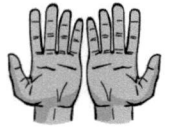

лево / десно

vasak / parem

близу / далеко

lähedal / kaugel

ново / половно
uus / kasutatud

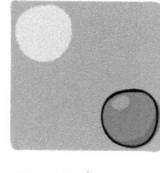

ништа / нешто
mitte midagi / midagi

старо / младо
vana / noor

укључено / искључено
sees / väljas

отворено / затворено
lahti / kinni

тихо / гласно
vaikne / vali

богато / сиромашно
rikas / vaene

тачно / погрешно
õige / vale

храпаво / глатко
kare / sile

тужно / сретно
kurb / rõõmus

кратко / дуго
lühike / pikk

полако / брзо
aeglane / kiire

мокро / сухо
märg / kuiv

топло / хладно
soe / jahe

рат / мир
sõda / rahu

0

нула

null

1

један

üks

2

два

kaks

3

три

kolm

4

четири

neli

5

пет

viis

6

шест

kuus

7

седам

seitse

8

осам

kaheksa

9

девет

üheksa

10

десет

kümme

11

једанаест

üksteist

12

дванаест

kaksteist

13

тринаест

kolmteist

14

четрнаест

neliteist

15

петнаест

viisteist

16

шестнаест

kuusteist

17

седамнаест

seitseteist

18

осамнаест

kaheksateist

19

деветнаест

üheksateist

20

двадесет

kakskümmend

100

стотину

sada

1.000

хиљаду

tuhat

1.000.000

милион

miljon

енглески

inglise

амерички енглески

Ameerika inglise

мандарински кинески

mandariini

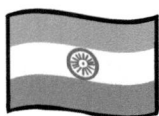

хиндски

hindi

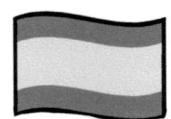

шпански

hispaania

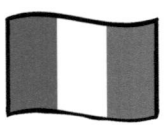

француски

prantsuse

арапски

araabia

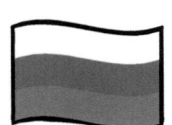

руски

vene

португалски

portugali

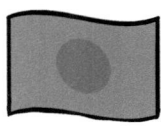

бенгалски

bengali

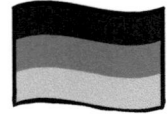

немачки

saksa

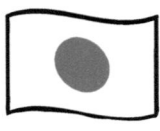

јапански

jaapani

ja
mina

ти
sina

он / она / оно
tema

ми
meie

ви
teie

они
nemad

Ко?
kes?

Шта?
mis?

Како?
kuidas?

Где?
kus?

Када?
millal?

име
nimi

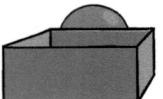

иза

taga

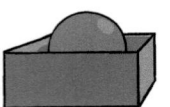

у

sees

испред

ees

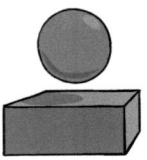

преко

kohal

на

peal

испод

all

поред

kõrval

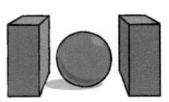

између

vahel

место

koht